INAUGURATION

DU

CHEMIN DE FER DU NORD

DE

L'ESPAGNE

DIX JOURS EN CASTILLE

PAR

Eugène P. DE BOURAMBOURG

Prescher
ancien notaire à Paris.

COULOMMIERS

IMPRIMERIE DE A. MOUSSIN ET CHARLES UNSINGER

1864

DIX JOURS EN CASTILLE

INAUGURATION

DU

CHEMIN DE FER DU NORD

DE

L'ESPAGNE

—

DIX JOURS EN CASTILLE

PAR

Eugène P. DE BOURAMBOURG

———

COULOMMIERS

IMPRIMERIE DE A. MOUSSIN ET CHARLES UNSINGER

—

1864

DIX JOURS EN CASTILLE

PREMIÈRE LETTRE

ARRIVÉE A SAINT-SÉBASTIEN.

Lundi 15 août 1864

Mon cher ami,

Quel changement depuis quarante-huit heures, depuis notre séparation samedi soir à Creteil! Deux trains avaient été organisés par MM. Pereire pour les personnes invitées à l'inauguration du chemin de fer du Nord de l'Espagne (*el Norte*) : j'ai pris le premier, celui du matin, hier dimanche, pour pouvoir passer la nuit dans un hôtel à Bordeaux ; le second nous a rejoints ce matin sur les bords de la Gironde au lever du jour, et nous sommes tous partis ensemble à cinq heures trente minutes pour Bayonne et Saint-Sébastien. Les voitures étaient pavoisées de dra-

peaux français mêlés aux drapeaux espagnols ; nos locomotives, semblables à ces bœufs de nos jours gras, s'a-
vançaient couronnées de guirlandes de feuillage et de
fleurs, portant sur leurs larges poitrines les écussons d'Espagne et de France ; tous les employés avaient revêtu
leurs habits de fête : quel brillant départ ! Le ciel était ra-
dieux et semblait sourire à cette société d'élite qui allait
fraterniser avec nos voisins d'outre-mont, saluer leur roi à
la frontière, et pousser jusque dans leur capitale pour les
inviter à venir visiter nos arts, notre industrie, nos mœurs
faciles et notre riche et beau pays.

Mais les machines s'arrêtent à Lamothe pour prendre
les véritables rois de la fête, MM. Pereire : ils donnent cor-
dialement la plus gracieuse bienvenue à tous leurs invités.
On s'empresse autour d'eux ; car on vient d'apprendre que
l'Empereur, à l'occasion de sa fête, a élevé M. Émile Pereire
au grade de commandeur dans l'ordre de la Légion d'honneur, et M. Isaac à celui d'officier : récompenses assurément
méritées, celles-là ; car elles mettent en relief ce qu'il y a
de vraiment utile et d'humanitaire dans les travaux de ces
hommes éminents ! J'entends quelquefois la légèreté envieuse répéter autour de moi qu'ils ont depuis longtemps
reçu leur récompense... Et qu'importe leur fortune à l'ap-
préciation juste et vraie de leur rôle dans la société et de
leur action sur les intérêts généraux, si leur richesse privée est un des éléments et comme une condition de la richesse publique ? Voyez ce qu'ils font : ici même, dix mille
hectares de landes ont été plantés, cultivés, fertilisés par
leurs soins, et le désert d'Arcachon, hier encore inconnu,
se couvre à leur voix de fermes et villas. Demandez à l'ha-
bile et aimable ingénieur qui les accompagne, M. de Fran-

queville, si leur habitation, dans laquelle il a passé la nuit, n'est pas un bienfait pour toute la contrée.

Et pendant que chacun parle ou pense de la sorte, le train court dans ces vastes espaces où la bruyère et l'ajonc stérile régnaient naguère encore en souverains, depuis tant de siècles : aujourd'hui des myriades infinies de pins déjà adultes y fournissent du bois en abondance et cette résine que nous ont appris à apprécier les discordes de l'Amérique et l'interruption de ses envois.

On signale Morceux, un bourg nouveau dans ce nouveau monde : pour qui ces tables splendides chargées de mets, ce banquet de 500 couverts, et sur ce quai ces lavabo, ces femmes debout, toutes prêtes à présenter aux voyageurs l'aiguière et la serviette, comme jadis on en usait avec les princes ? — Attend-on ici le roi d'Espagne et sa suite ? — Non, mon cher ami, ces préparatifs sont une galanterie nouvelle de MM. Pereire pour leurs invités. Tu vas dire que l'appétit ou les souvenirs de l'estomac ont exalté ma reconnaissance ; mais chez quels financiers, chez quels grands seigneurs trouver aujourd'hui tant de prévenance et tant de grâce ? Le croirais-tu ? Ces hommes, d'une religion différente de la nôtre, n'ont pas oublié la grande solennité du jour, et après les besoins du corps, ils ont prévu ceux du cœur. En sortant du festin, organisé avec un ordre merveilleux, chacun a pu, suivant sa conscience, entendre une messe basse dans une chapelle voisine et remercier Dieu d'être né dans un temps où se font de si grandes choses pour les humbles et les petits, jadis la proie de la corvée ou de la guerre.

Je digérais encore ces beaux sentiments et mon déjeuner, quand nous avons découvert entre les arbres l'embou-

chure de l'Adour et le riant pays de Bayonne. Là le convoi
s'est augmenté de nouveaux personnages accourus des
bains de Biarritz : M. de Persigny amenait et embarquait
joyeusement ses amis, retenu lui-même sans doute par sa
dignité de membre du conseil privé.

Adieu donc Bayonne et sa gentille population, au parler, au visage gracieux ! Adieu la France ! Comme pour
nous retenir, la coquette ! elle va étaler devant nous ses
plus charmants paysages, les Pyrénées et leurs silhouettes
imposantes, la mer brillante de Biarritz, Saint-Jean de Luz
et Hendaye et Béhobie, avec leur verdure, leurs eaux,
leurs collines cultivées et leurs souvenirs. Il était onze
heures du matin quand d'un bond la locomotive a franchi
la Bidassoa : des rois, des reines se sont arrêtés sur ses
bords dans des circonstances, hélas ! bien différentes :
François Iᵉʳ, le glorieux vaincu de Pavie, pour revoir la
France et la liberté ; une fille de Henri IV, pour épouser
ce Philippe dont la succession devait ensanglanter la France
et l'Europe ; Anne d'Autriche et Marie-Thérèse, pour aller
partager le trône, l'une de Louis XIII, l'autre de Louis XIV,
ce prince galant si différent de son père. Des armées aussi
sont venues se choquer dans ces lieux où la paix nous appelle ; mais arrière les réminiscences de nos guerres et le
deuil de 1813 ! J'ai remarqué à Irun la maison à deux rangs
d'arcades où Louis XIV a reçu sa jeune épouse ; mais
j'oubliais son petit-fils, le roi actuel et les préparatifs à faire
pour le recevoir. Le programme annonçait à Irun un ves-
tiaire pour y faire toilette : quelle déception, mon cher ami !
Un hangar obscur, sans meubles, sans eau, sans linge !
Nous n'étions plus à Morceux ! La vanité française m'a fait
soupçonner qu'on avait chargé de ce service un Espagnol ;

mais la gaieté a suppléé à ce qui manquait. Aussi bien nous étions magnifiques. Ne pouvant nous mirer, nous regardions avec ravissement les beaux lieux que la locomotive, remise en marche pour Saint-Sébastien, faisait passer devant nous : Fontarabie , dont la situation pittoresque dissimule les ruines, suites de longs combats, Rentiera et le délicieux bassin du Passage où les nymphes de ces montagnes viennent seules apparemment baigner leurs beaux corps, puisque nos dames n'ont point encore amené la vogue sur cette aimable plage. En regardant ces eaux limpides et azurées, cette ceinture souriante de collines, de prairies, de bois, de verdure, je rêvais encore à Diane chasseresse et à ses compagnes, quand la machine a fait halte devant Saint-Sébastien. — Onze heures trente minutes.

Deux estrades s'élevaient dans la gare de chaque côté de la voie : celle de droite portait un autel qu'entouraient l'évêque de Vitoria et son clergé ; celle de gauche. en face, était remplie de dames, et vers son centre un pavillon abritait le roi d'Espagne escorté de son massier en costume violet ; don Henrique, son frère, était à sa gauche ; autour de lui le ministre des travaux publics d'Espagne (*del fomento*) et plusieurs personnages en habits brodés, parmi lesquels on a cru voir M. de Olea, président du conseil d'administration du chemin de fer *del Norte*. Des drapeaux espagnols décoraient les tentes, la gare et la ville que l'on apercevait de l'autre côté d'une belle rade qui s'enfonce dans les terres ; mais de drapeaux français, aucun ! Les troupes qui stationnaient là sur les quais du chemin de fer gardaient l'arme au pied. Ce froid accueil nous a indisposés tous. Mais chacun a suivi vers l'estrade royale M. Isaac Pereire, président du Comité de Paris :

il est venu s'incliner devant le roi, et après quelques
fanfares, la cérémonie de la bénédiction des locomotives et
du chemin a commencé. Mon cher ami, je te tromperais si
je t'écrivais qu'elle a été imposante : l'ordre et une majes-
tueuse gravité paraissent indispensables pour agir sur le côté
sérieux et mystique de notre âme. Or ce matin, il semblait
qu'on eût hâte de tout expédier, bien ou mal. Les chants
religieux se prolongeaient encore qu'un geste parti de la
tente du roi les a fait cesser. M. Isaac Pereire a pris alors
la parole et adressé au roi une courte allocution : « Ce mot
de votre grand aïeul, lui a-t-il dit, ce mot célèbre *Il n'y
a plus de Pyrénées* semble n'avoir été qu'une prophétie ;
le chemin *del Norte* en a fait une réalité » A peine avait-il
cessé de parler que le roi, après l'avoir remercié par quelques paroles obligeantes, descendait de l'estrade et se diri-
geait vers la salle du banquet. Il portait le grand cordon
de la Légion d'honneur ; nos Français ont accueilli son
passage par de chaleureux *vivat*.

La tente sous laquelle étaient rangées huit longues files
de tables, garnies de sept ou huit cents couverts, s'ouvrait
du côté de la rade sur un paysage enchanteur : devant
nous et à nos pieds, un beau bassin entouré de collines et
comme parsemé de barques pavoisées ; à gauche, des cultures variées s'étageant sur des pentes verdoyantes ; en
face de nous, de l'autre côté de l'eau, les ruines d'un vieux
castel couronnant un mamelon ; puis à droite, le port et sa
belle nappe azurée ; plus à droite encore, une éminence ou
plutôt un énorme rocher sur lequel la ville semble
grimper parmi les arbres ; du sommet, un fort qui saluait le
roi de salves retentissantes ; enfin, après la ville à notre
extrême droite, la vaste mer ; elle venait briser ses vagues

écumantes à l'entrée de cette rade paisible au bord de laquelle nous étions réunis.

Nous étions ravis de ce spectacle, qu'animait une nombreuse population parée pour la fête; mais en nous retournant, nous ne voyons sur les tables, ô douleur! que porcelaines vides et cristaux vides... — Et le dîner? — Messieurs, le banquet était indiqué pour deux heures et il n'est que midi trois quarts. — En effet, MM. Potel et Chabot, les Vatel du festin, surpris, déconcertés par cette irruption subite et redoutable, paraissaient renversés; heureusement ils se sont remis, et nous avons pu offrir à nos voisins, invités comme nous, quelques échantillons exquis de nos mets et de nos vins français. Il m'a semblé qu'ils oubliaient vite leur sobriété proverbiale.

Pendant le repas, des régates avaient lieu sur la rade, et de temps en temps des *vivat* et des *bravos* proclamaient les vainqueurs : que, ne pouvions-nous leur offrir de ce champagne dont les flots remplissaient nos verres ! L'Espagnol rancuneux ne nous aime pas et nous craint; montrons-lui qu'il se trompe ou qu'on le trompe, en répondant à sa froideur par des avances, à sa défiance par des services : il est notre allié naturel. Nous nous attendions à des toasts inspirés de ces sentiments généreux et à quelque manifestation en l'honneur du Roi et de l'Empereur, de la France et de l'Espagne, ces deux sœurs si intéressées à s'unir et même à s'aimer malgré l'humeur toujours rieuse de l'une et trop sérieuse de l'autre; mais le roi s'est levé... Il est rentré en ville en calèche découverte.

Je l'ai suivi avec plusieurs de nos compagnons : en traversant la station, j'ai revu le pauvre évêque abandonné dans le couloir d'une salle d'attente, on le dit aimé et

considéré ; malheureusement son long chapeau roulé ,
plus long encore que celui de dom Basilio, étonnait trop
nos yeux parisiens. Pour pénétrer dans la ville , nous
avons passé la rade, sur une estacade en bois rouge
ornée de mâts, d'oriflammes et d'arcs de triomphe
en feuillage. La ville est régulièrement bâtie ; les rues
sont droites ; toutes les maisons sont jaunes ; l'église principale, en forme de basilique, produit un certain effet,
quoique de proportions restreintes ; elle est élevée et sup-
portée par des piliers arrondis, à côtes saillantes, mais
non cannelées ; elle paraît dater de la renaissance. Ici déjà
commence le mauvais goût des grands autels dorés et mi-
roitants, chargés de statues et d'ornements entassés, dont
la confusion frappe l'Espagnol d'étonnement et d'admiration.

Le rocher sur lequel la ville est assise, comme en une
presqu'île, est de grès quartzeux ; au sommet est bâti un
fort (*castillo*) : du haut de la batterie des Dames (*de las
Damas*) la vue est fort belle : sur les collines environnantes, de riantes cultures ; au-delà, les pics sévères des
Pyrénées ; des frênes et des ormes poussent avec force à
cette hauteur, dans ce terrain rocheux ; c'est à l'ombre de
ces arbres que je t'écris. Un de nos compagnons vient de
cueillir sur la pente, entre les pierres, une jolie scabieuse
(*atro purpurea*) que j'envoie à mes chères filles. — Mais il
faut descendre. Adressons de nouveau un bruyant adieu
au roi qui part pour la France et montrons-nous d'autant
plus courtois que ses compatriotes sont plus réservés.
Peut-être oublieront-ils un jour 1808, en réfléchissant que
depuis cette époque déjà vieille tout est changé parmi
nous, tout et les hommes et les idées.

Je confie ma lettre à la poste (*al correo*) de Saint-Sébastien, et je cours prendre place dans le convoi qui doit conduire à Madrid les invités de la France. Un autre convoi va porter à Paris les invités de l'Espagne.

Tout à toi,

ELGÈNE. P. DE BOURAMBOURG.

DEUXIÈME LETTRE

LA VIEILLE CASTILLE.

Mardi 16 août 1861, dans le convoi
après minuit.

Je ne puis dormir, mon ami, et je vais essayer de me distraire un peu en causant avec toi, à la lueur de la lampe jaunâtre qui éclaire le salon de notre diligence. On dit que ventre affamé n'a pas d'oreilles ; je crois aussi qu'il n'a pas d'yeux : nous mourons de faim et dès lors tout s'assombrit autour de nous. Comprends-tu qu'au moment de quitter Saint-Sébastien pour Madrid, quand nous étions tous enfermés dans nos wagons, on est venu nous annoncer que l'éminentissime ministre *del fomento* avait résolu de revenir ce soir dans la capitale de toutes les Espagnes par un train spécial et que nous devions attendre là, pendant une bonne heure, que les ordres fussent donnés sur toute la ligne pour ce convoi improvisé. Des imprimés répandus partout, à Paris et à Madrid, annonçaient notre départ pour 5 heures 10 minutes et il était peu aimable de nous arrêter ainsi dans ces prisons brûlantes, au risque de compromettre notre sû-

rete et, dans tous les cas, avec certitude de retarder notre
arrivée à Madrid de six ou sept heures. Mais... pour nous
consoler, les employés nous rappellent que l'heure du
chemin *del Norte* est celle de Madrid et que celle-ci re-
tarde de vingt-cinq minutes sur l'heure de Paris. Nous
nous sommes résignés *avec furie*. Pendant cette longue
attente d'une heure et demie, la médisance a pris sa re-
vanche : que d'histoires j'ai entendues sur l'Espagne sur la
cour et la ville, sur les ministres et les chambres, sur la
dernière conspiration étouffée il y a dix jours, et même
sur le chemin de fer que nous inaugurons : pendant trois
jours, nous dit-on, les cortès ont délibéré publiquement
sur la question de savoir si l'Espagne adopterait pour son
territoire le même écartement de rails qu'ont adopté pour
leurs chemins de fer toutes les nations de l'Europe ; et
ces profonds politiques ont décidé que les rails, en Espagne, seraient plus écartés qu'en France. Ingénieuse combi-
naison ! Vingt centimètres de moins et nos locomotives,
nos soldats, nos canons entraient en Espagne sans permis-
sion ! Il est beau d'être fier, mais peureux ! qu'en dis-tu ?
Enfin on nous a laissé partir à 6 heures 50 minutes.

La traversée des Pyrénées, dans le Guipuscoa, est charmante et vaudrait, à elle seule, le voyage : c'est une suite
de vallées, de prairies, de champs, de vergers, de ruis-
seaux, de maisons, de fabriques, tout cela entrecoupé par de
grandes montagnes et des précipices. Ernani, Andoain,
Villahona, Tolosa, à l'embranchement des deux routes de
Madrid et de Pampelune, et bien d'autres bourgs ou villes
attiraient successivement nos regards. Mais le soleil avait
a peine disparu derrière les montagnes que nous étions de
nouveau arrêtés à quelque distance de Tolosa par je ne

sais quel convoi : nous l'eussions prévenu dans une gare
d'évitement, sans le retard, hélas! commandé par l'éminentissime ministre, que Dieu garde! C'était jour de fête;
les femmes et les enfants étaient accourus pour nous regarder : que de cris confus! comme ils semblent sauvages!
Les moindres caresses font fuir les petits enfants, ils s'en-
volent comme des oiseaux; puis ils reviennent pour fuir encore au premier sourire. En France, le rire est une des
formes de l'esprit national; mais nous en sommes déjà loin!

Cependant le train se remet en marche : il y a vingt-
sept tunnels à franchir avant d'arriver à Vitoria : juge,
mon ami, des travaux qu'a coûtés le passage des Pyrénées!
La nuit est superbe; on dit que le paysage, dans ces montagnes, est rempli de beautés, mais la lune, malgré son
éclat, ne nous laisse voir que de grandes ombres. Tout-à-
coup, en avant de Beasin, le convoi s'arrête entre deux murailles de rochers : Pourquoi? — Je l'ignore, mais je sup-
pose charitablement, avec tous mes compagnons, que c'est
une suite naturelle de la gracieuse fantaisie de l'éminentissime ministre *del fomento*. Où sommes-nous? Il
est minuit passé, et depuis midi personne n'a rien
pris : la fringale sévit sur le convoi. On arrive à Olo-
zagutia, pauvre bourg sur le versant méridional, à l'entrée
de la chaîne du côté de l'Espagne; le chef du train nous
apprend qu'il y a près de la station une *fonda*. — *Fondons
dessus!* — Et ingénieurs, conseillers d'Etat, conseillers de
cour impériale, journalistes, avocats, banquiers, sénateurs,
peintres, députés au Corps législatif, tous pêle-mêle se
précipitent dans un long couloir, au bout duquel ils trou-
vent... des verres et des assiettes... et rien de plus! Les pauvres gens n'attendaient pas cette armée. La confusion est

extrême : — *Pan, pan ! Agua, agua fresca !* — Mais le sifflet de la locomotive répond seul à nos cris. On se rembarque.

Peu à peu le jour qui se lève nous montre les plaines de la vieille Castille, et avant d'y arriver Salvatierra. Echavarri et son vallon populeux, Vitoria, ville agréable, à l'entrée de la grande vallée qui conduit à Pampelune, Vitoria ! pour nous, douloureux souvenir, Miranda, où nous traversons l'Ebre, encore bien faible en cet endroit, Pancorbo, Briviesca : chacun de ces noms marque un site intéressant.

Cinq heures ! voilà Burgos : des cloches fêlées (comme presque toutes celles d'Italie et d'Espagne) sonnent l'*Ave Maria;* on s'arrache à l'engourdissement, nos badauds montent sur des amas de traverses en bois pour mieux voir les flèches de la cathédrale. La ville semble encore endormie au milieu de ces campagnes nues et jaunâtres : une grosse montagne aride, que couronnent quelques ouvrages de défense, semble écraser la capitale de la vieille Castille. Un voyageur nous montre entre les maisons quelques peupliers, chose rare ! c'est le point de départ de l'*Espolon,* promenade agréable très-fréquentée chaque soir ; elle est située au bord d'un petit cours d'eau que nous cachent les plis du terrain et qui deviendra tout à l'heure l'Arlanza. Sur la foi de ce brave cicérone, je reviendrai voir la verdure à Burgos, mais en ce moment je n'aperçois autour de nous qu'un désert desséché, et je ne suis pas fâché que le train nous arrache à la tristesse de cette contemplation.

    .... exustus ager morientibus æstuat herbis.

Virgile a dû traverser la vieille Castille en août. Toutefois, pour être véridique, il faut te dire que ces campagnes si déplaisantes sont fertiles; car nous découvrons çà et là, au milieu des champs moissonnés, de larges aires dans lesquelles s'agitent des travailleurs et que les trésors de la blonde Cérès ont dorées; des bœufs triturent les épis et font jaillir le grain sous leurs pieds; des hommes armés de pelles ramassent en tas coniques le blé mêlé de menue paille; d'autres, avec des vans, en séparent le grain. Cette année, le laboureur verra regorger ses greniers.

Les tranchées du chemin de fer nous découvrent, sous une faible couche d'humus, un terrain tufeux, mêlé de cailloux roulés; pour toutes fleurs, des chardons étoilés d'un jaune brillant *(kentrophyllum lanatum)*; pour toute variété, dans ces plaines monotones, des troupeaux de moutons, noirs comme le jais, ou bien des champs de vignes basses rampant sur la terre; on nous fait remarquer que ces pampres d'un beau vert abritent de gros raisins et leur conservent ainsi un peu d'humidité et de fraîcheur. Au loin le terrain se relève de temps à autre en grandes collines crayeuses d'un ton gris, supportant quelquefois la tour blanche et abandonnée d'un ancien télégraphe à signaux. Des routes poudreuses sans aucune ombre; des villes sans jardins, sans arbres, sont gisantes çà et là, sans mouvement et comme engourdies par une chaleur accablante; parfois quelques saules, des peupliers, des arbustes nous annoncent le voisinage d'un cours d'eau. En effet, vers six heures et demie nous passons l'Arlanza, petite rivière qui va rejoindre la Pisuerga. Nos yeux, en remontant son cours, aperçoivent dans le lointain la ville de Lerma, dont le nom rappelle ce duc, protecteur de Gil Blas. Cette chétive rivière est comme un chat sauvage : elle se montre à peine qu'elle disparaît bien vite, et va se faire voir un peu plus loin.

Nous rencontrons la Pisuerga en face de Torquemada, nom sinistre dans les fastes de l'Inquisition ; puis viennent Valoria, Magaz, Baños sur une hauteur, célèbre par des eaux thermales et la guérison de je ne sais quel roi Wisigoth ; Dueñas, avec ses jardins qu'alimente la Pisuerga et son pont suspendu ; des paysans montés sur des ânes sortent à la file de Dueñas : il y a donc un peu de vie sur ce point ?

Nous arrivons devant Valladolid, il est huit heures et demie du matin : la grande ville nous apparaît comme une terre promise ; c'est là, dans l'excellent buffet de la gare, dirigé par un Français, que la compagnie hospitalière, qui nous fait si généreusement les honneurs de l'Espagne, a commandé pour ses invités un déjeuner abondant ; ce devait être un souper, sans la malencontreuse idée de l'éminentissime ministre *del fomento* : comme chacun rend grâces au ciel et à messieurs Péreire ! Ah ! les bienfaiteurs de l'humanité ! Jadis Moïse n'a pas fait plus pour les Hébreux. Quant à nous, c'est la manne dans le désert : laisse-m'en, cher ami, ramasser quelques miettes.

Tout à toi,

Eugène P. DE BOURAMBOURG.

TROISIÉME LETTRE

Mardi 16 août 1864, dans le convoi
de Madrid.

Mon cher ami,

Nous courons et déjà Valladolid est loin de nous. C'est
dans ses murs qu'est mort Christophe Colomb, en 1506, et
qu'est né Philippe II, en 1527. Elle a été la capitale de
toute l'Espagne, jusqu'au jour où Philippe II fit choix de
Madrid. Autour de Valladolid, la terre nous paraît s'hu-.
maniser : des jardins, des champs de pastèques, des vignes,
un canal (celui de Castille), une rivière couverte de ponts,
la Pisuerga enfin, tout annonce l'activité et la vie.

Nous franchissons le Douro près de Viana ; une escouade
de huit soldats espagnols chemine tristement sur la grande
route : ils sont couverts de manteaux bruns à collets tom-
bant sur leurs bras ; ici, de même qu'en Algérie, les hommes se défendent de la chaleur en doublant leurs vêtements. Du reste, sauf le képi en toile grise, bordé de ban-
delettes de cuir verni noir, le soldat espagnol ressemble au

nôtre : tunique bleue, pantalon garance, souliers-guêtres en cuir noir, fusil à piston, sac au dos.

Après le Douro, à Medina del Campo (le nom l'annonce), reparaît la Champagne, une Champagne blanchâtre, nue, immense; dans ces espaces indéfinis, une forêt de pins Cimbro se dessine comme une tache verte.

La ville est assise, à droite de la voie ferrée, sur un petit cours d'eau appelé le Zapardiel, c'est un affluent du Douro; au dehors, à l'une des extrémités vers le nord, mes regards sont attirés par une tour isolée, de forme mauresque, en briques rouges, surmontée de créneaux dentelés et percée d'une haute et large porte à plein-cintre; c'est peut-être un débris de l'alcazar construit par les Maures pour leur nouvelle Médine. A gauche du chemin se dressent, sur un tertre à peine saillant (tout est plaine), les ruines d'une forteresse qui défendait la ville.

La vieille Castille est toute remplie des souvenirs de sa grande reine. Isabelle Ire, l'aïeule de Charles-Quint : c'est ici qu'elle est morte en 1504.

C'est là aussi que fut interné, trois ans plus tard, César Borgia : il est venu finir ici sa vie et ses crimes dans la patrie de son père, Alexandre VI.

Le chemin de fer passe entre la forteresse et la ville et nous conduit à Arevalo, grande cité remarquable par ses édifices élevés, ses tours et ses clochers; elle est située sur les bords escarpés de deux rivières qui l'entourent avant de se réunir, l'Arevaillo et l'Adaja. Un beau viaduc de 25 mètres d'élévation saute par dessus l'Adaja, et après une grande vallée parsemée de chênes verts nous nous arrêtons, vers onze heures du matin, à Mingorria.

Ici la nature et l'aspect du sol changent complétement :

de la région des plaines nous passons à celle des montagnes ; des terrains crayeux et stratifiés aux terrains d'origine
ignée, aux roches de formes relevées et perpendiculaires ;
d'énormes blocs de granit entassés nous annoncent le Guadarrama, cette barrière formidable qui sépare la vieille Castille de la nouvelle.

Avant d'y entrer, pendant que le convoi reprenait ha-
leine, je regardais sur la droite, à l'ombre d'une haute
montagne qui ferme l'horizon, une grande ville, morne et
silencieuse, toute bâtie de schistes micacés, de granit et
de porphyre : c'est l'antique Avila ; elle est restée la même,
en dépit des siècles, avec ses murailles crénelées, ses hau-
tes portes et son diadème de tours qui ont vu le moyen
âge. L'abside de sa cathédrale est défendue par un bastion
demi-circulaire, comme aux beaux jours des guerres per-
pétuelles. Tout ici a un caractère féodal et religieux.

En deçà de la ville, les yeux rencontrent le couvent de
Saint-Thomas ; là sont les restes du vainqueur de Lépante,
don Juan d'Autriche : il était mort en Flandre, en 1576 ;
ses ossements, portés à dos de mulet, ont traversé la
France ennemie pour venir ici chercher leur dernier asile.

Une autre héroïne contemporaine du fils de Charles-
Quint, sainte Thérèse est née dans cette ville ; ces murs
ont été témoins de sa prodigieuse activité, c'est là qu'elle
a fondé le premier couvent des carmélites.

En contemplant cette contrée nue et montueuse, je pen-
sais à Pérouse et à Assise sur le haut Tibre ; sainte Thérèse
me rappelait saint François. Et cependant combien l'aspect
des lieux est différent ! Là-bas, en Italie, quelle suavité mélancolique ! quelle douceur émouvante ! quelle harmonie
dans les lignes des édifices, dans celles du paysage, dans

ces perspectives variées et fuyantes qu'ouvre la chaîne de
l'Apennin ! Ici quelle rudesse, quelle âpreté, quelle aus-
térité sèche et bornée dans les reliefs des monuments et
dans les accidents du terrain ! L'inspiration différente de
saint François d'Assise et de sainte Thérèse tiendrait-elle
à la différence des lieux ? Est-ce parce que le berceau des
deux ordres est si dissemblable que le franciscain paraît
plus près de la simple nature et la carmélite plus éprise
d'une nature pénible et tourmentée ?

Mais pendant que je me livre à ces réflexions profondes,
qui t'ennuieront peut-être, midi sonne dans la cité religieuse et le train monte les premières pentes de Guadarrama. Désormais tout est pierre, tout est granit, tout est
désert autour de nous ; de profondes vallées hérissées de
rochers, des remblais effrayants, des tranchées continuées
dans le roc vif, quelques chênes verts rabougris, d'un feuillage noirâtre, des aigles planant au-dessus des précipices,
voilà le pays au milieu duquel la locomotive nous entraîne :
comme cet hippogriffe que les poètes nous représentent
guidé par un puissant magicien, elle court, elle vole par-
dessus les abîmes. Cependant vers le sommet, à 900 mètres environ au-dessus du niveau de Madrid, nous allons
retrouver un peu de civilisation : entre le hameau de
Naval grande (en espagnol *grand plateau*) et celui de *Naval
peral (plateau des poires)*, on bat le blé, comme dans les
plaines, avec des bœufs. — Encore un autre village sur le
plateau, *las Navas* et sa belle forêt de sapins. La duchesse
de Medina Cœli s'est fait ici comme une petite Suisse en
miniature, dans ces parages élevés qui lui appartiennent :
nous voyons en courant ses noires futaies de sapins, ses
prairies, son lac, ses châlets, ses troupeaux, ses laiteries :

le lait de Las Navas est renommé à Madrid. On respire, mais un tunnel nous dérobe la vue de ce frais retiro. On franchit à Robledo le point culminant de la montagne, puis on descend vers l'Escurial avec la rapidité de l'éclair. Il est deux heures quand nous atteignons la station du monastère royal.

Ici le paysage a vraiment de la grandeur, et je ne partage pas l'opinion de ceux qui reprochent à Philippe II d'avoir choisi pour sa villégiature un affreux désert. D'abord l'Escurial n'était pas une villa, mais une retraite. A Versailles, comme le remarquait un conseiller d'État, notre compagnon de route, c'est le château qui domine ; ici c'est l'église. Puis, en vérité, les montagnes forment en cet endroit un imposant amphithéâtre : des massifs gigantesques à base boisée décrivent un demi-cercle, et au-dessus s'élancent des pics à vives arêtes ; puis devant ces hauteurs, s'ouvre l'immense plaine onduleuse que nous devons traverser pour descendre à Madrid. C'est dans cette position grandiose et austère que se dessine la masse grise et à peu près carrée de l'Escurial : ses lignes droites et régulières contrastent avec l'aspect accidenté des montagnes environnantes.

Nous avons abandonné le convoi pour visiter la résidence de Philippe II. Un orage s'était formé sur le Guadarrama ; le tonnerre grondait ; on eût dit que le vieux despote murmurait de voir des étrangers approcher de sa demeure et l'esprit de liberté violer l'antique séjour de l'autorité absolue. Nous montions une pente douce bordée de gros ormes grillés par le soleil et de superbes peupliers d'Italie d'un vert très-vif. Ce n'est pas la première fois que nous remarquons, en Espagne, combien le peuplier, *ami des eaux*, prospère mieux que d'autres essences dans ce climat enflammé.

L'Escurial, œuvre de la Renaissance, présente à l'œil un parallélogramme régulier : sur toutes les faces, des bâtiments uniformes, percés d'une multitude de fenêtres et sans ornement; aux quatre angles, des pavillons, semblables à des tours carrées et élevées; au centre, le dôme et les deux campaniles de l'église. Les quatre côtés du monastère se ressemblent, excepté celui qui regarde la montagne : c'est là qu'est l'entrée principale; elle est décorée d'un fronton triangulaire, soutenu par deux rangs de colonnes superposées. Le côté du parc et de la plaine a été comme allongé par un petit bâtiment plus bas et plus étroit que le reste : de là ce dicton populaire que le monument a la forme d'un gril, pour rappeler le martyre de saint Laurent, patron du monastère. C'est dans ce pavillon, ajouté au couvent, que sont les appartements particuliers du roi et de la reine.

Du reste, tout est empreint d'une grandeur royale : de chaque côté de l'avenue, des bancs en granit de 50 mètres de longueur semblent encore attendre la livrée des princes et des courtisans; de vastes communs entourent l'édifice et rivalisent par leur ampleur avec ceux de Versailles.

Les appartements de réception nous ont paru semblables à ceux de tous les châteaux : c'est une suite de belles salles, ornées de tapisseries faites d'après des tableaux connus de Teniers, de Wouvermans, de Goja, de Rubens : quelques pièces particulières, comme le bureau de la reine, son oratoire et le vestibule de l'oratoire sont de vrais bijoux. Des fenêtres, la vue sur les campagnes lointaines offre des perspectives grandes et mouvementées.

La sacristie, formée d'une galerie voûtée, contient un admirable tableau d'autel de Sanchez Coello, représentant une cérémonie religieuse présidée par un évêque et un roi ou Philippe quelconque; j'ai encore devant les yeux ces vêtements, ces mains, ces figures d'un relief si vrai et si gracieux : Sanchez Coello est notre Janet-Clouet. Nous avons remarqué aussi un Zurbaran et un Ribera (les Espagnols disent Rivera). Mais ce qui a le plus attiré notre attention, c'est l'église : l'intérieur est d'une beauté sévère ; ses formes, qui sont d'architecture gréco-romaine, sont pures et harmonieuses ; la nef, divisée en deux étages, livre le bas aux assistants laïcs et réserve le haut pour un vaste chœur ou chapitre de moines. C'est là que nous voyons pour la première fois ces orgues espagnols à tuyaux horizontaux posés en saillie comme de longues trompettes.

Les voûtes sont décorées de peintures exécutées à grand orchestre par Luca Giordano. Nos compagnons ont beaucoup admiré ces multitudes de corps et de membres humains papillotant de mille contours ; mais comme je ne pouvais rien distinguer, rien comprendre dans ces vastes imbroglios, je n'en ai rapporté que l'idée d'une facilité prodigieuse et d'une confusion étourdissante. C'est peut-être ci qu'on a surnommé le célèbre artiste *Luca fa presto*.

L'autel principal est élevé, assez élevé pour atteindre le niveau de la loge royale placée tout à côté : c'est là, dans ce recoin obscur, que Philippe II aimait à méditer et à se cacher ; nous y avons vu et touché les meubles assez pauvres dont il se servait, sa table, son bureau, son fauteuil de cuir, la chaise qui supportait sa jambe gonflée par la goutte.

En sortant, nous sommes descendus à son tombeau : la chambre sépulcrale, toute de marbre, renferme dans de superbes bières de bronze doré, superposées les unes aux autres, les restes des rois d'Espagne depuis Charles-Quint jusqu'à Ferdinand VII.

Nous avons parcouru les cloîtres barbouillés de fresques sans valeur, et après avoir baigné nos mains brûlantes dans les fontaines d'une cour intérieure, dont le parterre est divisé par des buis à la manière du dix-septième siècle, nous avons repris le chemin de la station à travers le parc. Les eaux courantes des montagnes, amenées par des rigoles au pied des arbres, entretiennent la fraîcheur des arbres ; grâce à ces eaux, les frênes, les acacias, les peupliers, les noyers, les platanes peuvent résister aux ardeurs du midi.

Montés en wagons à quatre heures, nous entrions à six heures à Madrid, par un arc de triomphe, et nous allions tous descendre à la *Puerta del Sol*, dans le bel hôtel de la *Ville de Paris*, tout nouveau, tout frais, ouvert la veille, 15 août, tout exprès pour nous.

Bien à toi,

Eugène P. DE BOURAMBOURG.

QUATRIÈME LETTRE

Madrid le mercredi 17 août 1864.

Enfin, mon cher ami, nous sommes à Madrid ; ne me demande pas ce que j'ai vu depuis l'Escurial ; les alentours de Madrid recommencent la Champagne de Burgos et de Medina del Campo ; la nouvelle Castille vaut son aînée, et monseigneur le Guadarrama a bien tort de les séparer. Aussi je me demande toujours pour quelles raisons Philippe II, écartant l'affection traditionnelle de sa famille pour la vieille Castille, a placé le siége de son gouvernement à Madrid : la raison tirée de la position centrale de cette ville a sa valeur, mais elle n'est pas assez importante. Peut-être, se trouvant placé entre des capitales rivales, a-t-il cru devoir prendre une ville nouvelle, sans passé, sans gloire, pour faire taire les jalousies ; mais il aurait pu mieux choisir. Machiavel, dans ses discours sur Tite Live, discute la question de savoir si le fondateur d'un empire doit préférer, pour y asseoir sa capitale, un pays riche et d'accès commode, ou un pays pauvre et peu abordable. Dans celui-ci,

dit-il, les mœurs seront sévères, actives et se conserveront
intactes plus longtemps ; dans l'autre, elles s'amolliront et
se corrompront. Cependant il se détermine pour la fer-
tilité et les communications faciles, parce que les vices
qu'elles favorisent peuvent être efficacement combattus par
le régime des lois, et que les avantages qu'elles assurent
sont incomparables sous le rapport du développement de la
population, de la puissance et du commerce. Je crois qu'il
avait raison ; Madrid, capitale d'un royaume qui compte
16,500,000 âmes sur le continent, n'a que 276,000 habitants, et Lisbonne en a autant, pour un royaume dont la
population n'atteint pas le chiffre de 4,000,000. Mais Lisbonne est un port de mer.

Madrid, isolée au milieu de vastes plaines infertiles, en-
fermées au nord par le Guadarrama et au midi par la Sierra
Morena, est à peu près dans la position de Rome ; seulement le désert de Madrid est très-reculé dans les terres,
il est nu, sec, plat, jaune-gris et sans horizon ; celui de
Rome a un fleuve navigable qui mène à la mer en quelques heures ; il est verdoyant et relevé à peu de distance
par une ligne de montagnes d'un dessin et d'un effet merveilleux. Il ne faut pas s'étonner si Madrid, comme la
Rome actuelle, a une vie factice et d'emprunt : elle n'a et
ne peut avoir ni industrie ni commerce : le peu qui s'y
fait est aux-mains d'étrangers ; il y a là une colonie très-
affairée de 12 à 15,000 Français.

Je ne puis pas cependant dissimuler sans injustice une
différence notable à l'avantage de Madrid. Tandis que la
ville éternelle est morne et triste, celle-ci est gaie et ani-
mée ; je t'assure que le contraste est frappant entre la vue
de ces plaines insipides, ingrates, inhabitées, et l'aspect

vivant, pullulant, courant et bruyant de Madrid. Pendant le jour, en dehors des heures de la sieste, la population circule avec activité sur la place de la *Puerta del Sol*, et dans les rues qui aboutissent à cette place centrale, la *calle Mayor*, la *calle d'Alcala*, la *calle San Geronimo* et celle d'*Atocha*. Le soir, la foule s'y presse ; les affaires ont cessé, les maisons se vident, les cafés de la *Puerta del Sol* se remplissent ; un flot d'hommes, de femmes, de jeunes gens, de jeunes filles et d'enfants se porte au *Prado* par la rue d'Alcala ou par la rue San Geronimo : on dirait un jour de réjouissances publiques à Paris, et ici c'est tous les jours la même chose. Le Prado est une promenade qui rappelle un peu l'un de nos boulevards, dont la largeur serait triplée ; sa longueur est à peu près celle de la distance qui sépare à Paris la Madeleine de la rue Louis-le-Grand ; il s'étend à la circonférence de la ville, entre l'entrée de la rue San Geronimo et l'entrée de la rue d'Alcala. A l'une des extrémités de la promenade, au débouché de la rue d'Alcala, est une fontaine monumentale en marbre blanc, représentant Cybèle dans un char traîné par des lions : l'eau en paraît renommée, car les marchands de rafraîchissements mettent le nom de Cybèle comme réclame sur leurs écriteaux. A l'autre extrémité, vers la rue San Geronimo, se trouve comme pendant la fontaine de Neptune traîné par des chevaux marins.

Depuis un an, on a prolongé le Prado par une promenade ornée de petites pelouses, de bosquets, de fleurs, de bassins remplis d'eau. Pour former cette suite de petits *square*, assez pauvres d'aspect, quand on songe à ceux de Paris, on n'a pas hésité à détruire une antique chapelle très-vénérée ; tant le plaisir, à Madrid, a de force sur les âmes ! Un cirque brillamment décoré y a été construit, et il éclipse notre Cirque Impérial. J'ai trouvé, sur cette promenade nouvelle, bien plus de monde qu'à l'ancien Prado ; à dix heures du soir, des enfants y dansaient encore, chantant en français des rondes françaises. Tous les hommes fument des cigarettes et toutes les femmes portent la mantille noire : les plus belles et les plus riches se distinguent par la mantille blanche ; c'est une nouveauté. Les jeunes filles vont seules en avant de leur mère, que l'on a peine quelquefois à distinguer entre les promeneurs : est-ce l'illusion du soir ou le prestige de la nouveauté? Ou bien serait-ce l'effet de ce costume, qui découvre toute la figure et laisse voir, comme au bal. les cheveux, le col et une partie des épaules? Je ne sais, mais ces jeunes filles m'ont paru jolies, pour la plupart : leur beauté, du reste, a plus de piquant que de régularité, plus de vivacité que de fraîcheur. Par contre, les femmes dont l'âge a déjà flétri les charmes sont trahies par la mantille. A Madrid, femmes et filles se couvrent de tout ce qui paraît et simule la richesse : le peuple espagnol est un peuple fier !..... Voilà pourquoi, sans doute, on dit qu'on obtient tout de lui pour de l'argent. Serait-ce une calomnie? Le point essentiel est qu'on se pare et qu'on s'amuse. On ne garde presque rien pour se nourrir. Un pot-au-feu, composé d'un très-petit morceau de salé, d'une quantité plus minime encore de bœuf ou de mouton, et d'une mesure de carbanzos (ou pois chiches), fournit pour le dîner une soupe, un scrupule de bouilli et un large plat de légume dont chacun se contente. Puis on arrose le tout de plusieurs verres d'eau fraîche. L'eau joue ici un grand rôle, elle est excellente à Madrid, limpide, douce, légère, comme

celles qui traversent les terrains granitiques ou siliceux, et qui n'en peuvent dissoudre les éléments. Te rappelles-tu l'eau de la fontaine de Trévi, à Rome? Des sources existent dans la ville même; mais l'eau des fontaines publiques est amenée de loin par un canal. Sur la Puerta del Sol, un beau bassin et un grand jet d'eau rafraîchissent la vue, et plusieurs fois par jour la place et les rues sont arrosées. On en fait autant pour les arbres du Prado.

Le vin pourrait être bon en Espagne, mais l'arome en est altéré par le goût de la poix ou résine qui tapisse les outres dans lesquelles il est renfermé. Les cultivateurs font le vin dans des tonneaux, mais faute de routes, ils ne peuvent le transporter qu'à dos de mulet, dans des outres : de là cette saveur particulière que je ne peux digérer. Il m'a fallu recourir au vin de Bordeaux, dont la qualité la plus inférieure se vend ici 30 réaux (7 fr. 50 c.). Attendons un peu ; le progrès de la viabilité changera ces mauvaises boissons en vins exquis. Déjà au val de Peñas, sur les pentes septentrionales de la Sierra Morena, une compagnie franco-espagnole (je crois) a su récolter des vins excellents ; j'en ai goûté, et j'oserais presque les comparer à nos crus de Bourgogne ; la petite bouteille se vend à l'hôtel 20 réaux (4 fr.).

Je ne vois pas que les Espagnols soient aussi sobres qu'on veut bien le dire ; je les ai vus officier magnifiquement à Saint-Sébastien et à Valladolid ; dans les rues, ils avalent d'énormes verres d'eau à tout instant. J'incline à croire que leur tempérance est de la pénurie, et qu'ils feraient du vin comme de l'eau, s'ils étaient assez riches pour se donner quelque luxe de table.

J'ai cherché de l'eau dans le Mançanarès : l'Arno, si

desséché à Florence, en montre au moins quelques fla-
ques ; ici je n'ai vu que des traces humides. Aussi j'ima-
gine que des fenêtres du palais de la reine, qui domine
cette misérable rivière, la vue doit être affreuse en été, car
par delà le lit aride du Mançanarès s'étend la plaine aride
de la vieille Castille. Le château royal est assis sur un
mamelon, au-dessus de ce filet d'eau : c'est un bâtiment
carré, vaste, construit dans le goût du siècle de Louis XIV,
et de bonne tournure. Je n'ai pu en visiter les appartements intérieurs. Sur l'un des balcons de la façade qui
regarde la ville, est attachée une longue palme : c'est celle
que portait la reine aux dernières fêtes de Pâques. Ici,
comme à Rome, la noblesse et le clergé tiennent à la main
des branches de palmier à la procession du dimanche des
Rameaux ; le peuple porte des branches d'olivier. J'ai vu
de ces palmes bénites suspendues aux fenêtres de plusieurs
maisons, à Madrid.

Après le château royal, dont l'aspect n'est pas sans noblesse et sans beauté, après le palais du Congrès, dont les
dispositions ne sont pas sans mérite, il n'y a pas un monument, pas une église à visiter dans cette capitale nouvelle. Philippe II et ses successeurs n'ont encore réussi
qu'à en faire un centre administratif, une ville d'employés.
Privée de toutes les sources de la richesse, n'ayant ni les pro-
duits de l'agriculture, ni ceux de l'industrie, ni ceux du
trafic, pouvait-elle connaître les beaux-arts, ces compagnons glorieux et charmants des travaux utiles et de l'o-
pulence ? — Et cependant c'est à Madrid que se trouve
l'un des plus riches musées de l'Europe. L'Espagne,
qui a perdu les Flandres à notre grande révolution,
en a conservé les peintures ; notre invasion de 1808, qui

a ravagé ses villes, lui a fourni l'occasion, quand l'heure de rétablir l'ordre est arrivée, de rassembler à Madrid toutes les œuvres d'art qui avaient orné les palais, les églises et les couvents ; c'est ainsi qu'elle a pu former un musée national d'une valeur inappréciable, non à raison du nombre (il contient 2,000 tableaux environ), mais à raison des œuvres qu'il renferme. Toutefois, ce qui domine ici, c'est l'élément coloriste et réaliste, ce sont les Vénitiens, les Espagnols, les Hollandais, les Flamands : Titien, Velasquez et Rubens sont les rois du musée. Ne crois pas cependant que les écoles idéalistes y fassent défaut ; parmi la multitude étincelante des Titien, des Giorgione, des Tintoret, des Sébastien del Piombo et des Paul Véronèse, des Velasquez, des Murillo, des Zurbaran et des Cano, des Juanès et des Ribera, des Rubens, des Van Dick, des Rembrandt, des Jordaens, des Breughel, des Van der Meulen et des Teniers, figurent avec éclat Raphaël, Corrége, Daniel Crespi, Luini, André del Sarto, le Bronzin et les autres Allori, Sasso Ferrato, Cigoli, Pantormo, les Carrache et leurs disciples, le Guide, le Guerchin, l'Albane et Lanfran, enfin Salvator Rosa et Luca Giordano. — L'école française y est aussi représentée : Poussin et Claude Lorrain ouvrent la marche, et après eux vient une pléiade de nos compatriotes des XVIIe et XVIIIe siècles.

Nos Français remplissaient les galeries, l'admiration rapprochait tout le monde. Chacun montrait ses découvertes, ses chefs-d'œuvre de prédilection. Pourtant que de sentiments divers dans cette foule enthousiaste ! — L'un n'a d'autre souci que d'étudier et de s'exercer à reconnaître le type particulier de chaque école, et dans chaque école le type particulier de chaque maître. S'il vous montre un

tableau, c'est pour vous dire que c'est bien la manière du
Giorgione, ce camarade et émule du Titien, ou celle du
Vénitien Pordenone, ou celle de Sébastien del Piombo.
Dieu me garde de relever devant lui soit l'éclat du coloris,
soit la correction du dessin, soit la force de l'expression : il
n'est pas venu ici pour admirer le beau, mais pour apprendre à classer les artistes. A Paris, dans la salle des commis-
saires-priseurs, il ne sera pas la dupe du crieur offrant une
esquisse de Luca Giordano pour un Salvator Rosa, ou une
vierge de Sasso Ferrato pour un Raphaël. Peut-être, grâce
aux détails et aux accessoires qu'il note minutieusement,
pourra-t-il un jour faire une bonne trouvaille, découvrir,
par exemple, sous l'enluminure ou la fumée des retouches et
acheter pour rien !... à la barbe de la galerie, au lieu d'une
prétendue copie de Rembrandt que l'on a cru mettre en
vente, un véritable Ribera ! — 20, 30, 40, 50 mille francs
de gagnés et cela d'un coup d'œil !

Un autre ne connaît, ne voit que Rubens : ne touchez
pas à son idole. — Mais, monsieur, direz-vous, ne remar-
quez-vous pas quelque mollesse et quelque indécision dans
ce contour, un peu d'exagération, un peu de lourdeur dans
ces chairs ? — Il vous prend par le bras : Mon cher monsieur, vous ne comprendrez jamais la peinture ; il faut se
mettre à genoux devant cela ou quitter la place. Vous n'avez
rien à faire ici ; croyez-moi : allez plutôt flâner le long des
boutiques de la rue San Geronimo.

Celui-ci m'appelle pour me faire admirer toutes les par-
ticularités de cette charmante scène d'intérieur où Velasquez s'est représenté lui-même peignant l'infante Margue-
rite en présence du roi Philippe IV, de la reine et de deux
dames de la cour : ce qui l'intéresse, ce n'est ni la naïveté

des mouvements, ni la justesse des tons , ni l'aisance de la
composition, ni l'air qui circule autour de ces personnages ;
non, toutes ces qualités essentielles de la peinture ne le
touchent que médiocrement ; ce qu'il recherche, c'est l'a-
necdote, c'est la signification triste ou gaie, spirituelle ou
pathétique de chaque tableau : le musée est pour lui pu-
rement et simplement une morale en actions, un petit cours
d'histoire illustré. — « A la bonne heure ! s'écrie-t-il plus
loin ; voilà un Titien qui parle et que l'on comprend : je
vois tout de suite que c'est une Salomé portant la tête de
saint Jean-Baptiste ; mais je n'aime pas ces buveurs de
Velasquez, je ne sais pas ce qu'ils font. » — A ses yeux,
les soit-disant connaisseurs ont une petite teinte de pédan-
tisme et il s'en moque.

Celui-là, au contraire, ne recherche que le dessin ou la
couleur : peu lui importe ce que le peintre a voulu repré-
senter ; peu lui importe de savoir si les attitudes sont no-
bles ou vulgaires, si les formes sont idéalisées ou brutale-
ment naturelles : pourvu qu'il trouve les conditions
techniques de l'art matériellement remplies, il est content.
— Que c'est bien peint, dit-il, quelle pâte, quel faire ! —
Mais ces accessoires ne sont pas à leur place, cette figure
n'est pas en scène, cette pose n'est pas élégante, il y a trop
de décousu dans les différentes parties. — C'est égal, mon
cher, c'est crânement peint ! — Et vous ne pouvez le sortir de là ; le but de l'art lui échappe, il n'en considère que
les moyens.

Heureux, mon cher ami, trois fois heureux ceux qui
comme toi savent discerner et aimer toutes les manifestations
du génie, qui, sans parti pris pour tel ou tel genre, pour
tel ou tel maître, exempts de toute servitude volontaire, se

laissent aller avec une liberté naïve à tout ce qui est vrai, beau, gracieux ou grand, ressentant avec une égale vivacité, avec un égal enthousiasme, les impressions diverses du dessin et du modelé, du coloris et de la lumière, de la composition et de la perspective, de l'expression et de la pensée. O peintres immortels, que de jouissances et de ravissements vous réservez à ceux qui n'ont d'autre préoccupation, en vous abordant, que celle d'écouter l'harmonie suave qui vibre et sort de vos ouvrages !

Cependant l'homme ne vit pas seulement d'admiration : il était cinq heures, et temps de songer au dîner ; j'ai bu d'abord sans cérémonie un verre d'eau pure (*agua naturale*) sous le péristyle même du musée, comme à Paris j'aurais pris un sorbet ; puis j'ai gagné tout pensif la Puerta del Sol et l'hôtel de Paris. En traversant le Prado qui longe le musée, je déplorais en moi-même la dispersion de la collection espagnole du Louvre formée par le roi Louis-Philippe. Quoi qu'on en puisse dire, et jadis il était de mode d'en mal parler, les merveilleuses toiles qui venaient de m'émouvoir n'avaient point effacé le souvenir des *Morales*, des *Sanchez Coello*, des *Ribera*, des *Murillo*, des *Alonzo Cano*, des *Zurbaran*, dont la vigueur, la grâce et la beauté m'avaient jadis séduit au Louvre, il y a plus de vingt-cinq ans. Le musée de Madrid n'a presque rien de Zurbaran ; et le nôtre était si riche en ouvrages de ce peintre charmant, facile, à la touche délicate, aux sentiments élevés !

Devant le musée, tout s'efface à Madrid ; pour rester sous le charme et en causer avec toi, je me suis enfermé ce soir et j'ai refusé d'aller avec les autres au nouveau jardin public appelé *los Campos Eliseos* pour y entendre *Guil-*

laume Tell et le brave Tamberlik, ces restes *d'une voix
qui tombe et d'une ardeur qui s'éteint.* Bonsoir donc, mon
cher ami, que la muse qui m'enchante te berce en ton
sommeil !

Eugène P. DE BOURAMBOURG.

ARANJUEZ ET TOLÉDE.

Jeudi 18 août 1861

Mon cher ami,

Ce matin, toute la colonie s'est levée comme un seul homme, et s'est dirigée d'un même pas vers Tolède. Ce n'est plus notre ami *el Norte* qui s'est chargé de nous conduire, mais le chemin de fer d'Alicante, du moins jusqu'à Aranjuez. Nous avons quitté Madrid à 7 heures. La ville et l'éminence qui la porte ont bientôt disparu dans le nord; nous courions vers le midi.

La campagne est toujours la même, toujours grise, jaunâtre, semée de tertres de trois à dix mètres d'élévation, cultivée par places dans les intervalles des monticules, triste partout. Heureusement, à huit heures et demie, de beaux ormes, des tilleuls, des peupliers, des frênes, des plants d'oliviers nous ont annoncé le Tage et Aranjuez : on traverse des jardins maraîchers, des champs de pommes de terre et de pastèques. C'est de là et du village de *Pozuelo* que Madrid tirait tous ses légumes, avant que le

chemin de fer d'Alicante lui eût fait connaître ceux de la
huerta de Valence. La végétation, en cet endroit, donne
une idée de ce que pourrait faire la culture dans toute la
vallée du Tage, sous la double influence des eaux du fleuve
et de la chaleur du climat. Mais il faudrait travailler.....
Or l'incurie et le désert recommencent après Aranjuez.

Il avait été convenu, faute de temps, que l'on emploie-
rait les minutes d'arrêt accordées à la station d'Aranjuez
pour jeter un regard en courant sur le château et sur les
jardins : la rivière les traverse ; j'aurais eu plaisir à m'asseoir un moment sous les ombrages de la *rue des Platanes;*
c'est là seulement que l'on peut chanter : *Fleuve du Tage;*
car si l'on s'éloigne d'Aranjuez, la romance, avec ses *bords
heureux,* avec ses *bois de la rive,* tombe dans un déver-
gondage poétique tout à fait burlesque. Il n'y a plus de
bois et les bords sont désolés. Ne pouvant qu'entrevoir
les jardins, je cherchais des yeux la place où s'est pas-
sée la scène du mois de mars 1808, si bien décrite par
M. Thiers ; mais la cloche de la station nous rappelait.
Nous avons donc touché seulement et vu Aranjuez avec
nos jambes.

La locomotive a repris sa course, suivant la direction de
la vallée du Tage, tantôt s'éloignant, tantôt se rapprochant
du fleuve. Dans cette plaine dépouillée, d'un gris terne,
l'œil suit aisément les sinuosités de la rivière, marquées
çà et là par des plaques de verdure, des tamarins, quelques
peupliers-neige ou des saules. Au reste, ce qu'on appelle
la vallée du Tage est une dépression de terrain à peine
sensible, et je ne comprends pas que l'on n'ait pas songé
à l'irrigation des terres avoisinantes. L'opération paraît si
facile ! Au lieu de quelques champs où le genêt pullule, on

pourrait avoir, avec de l'eau, des prairies artificielles et par suite des bestiaux.

Bientôt les rives du fleuve se relèvent, on le voit se frayer un passage entre deux collines rocheuses, nues, noirâtres : c'est Tolède. Le convoi s'arrête au pied de ces rochers, au bord du Tage ; il est dix heures. — Sur les rochers de la rive gauche sont les ruines d'un château fort ; — sur ceux de droite, plus étendus, plus élevés, sont les ruines de Tolède ; car cette vieille cité, dont la population est descendue de 200.000 âmes à 18,000, offre moins l'image de la vie et de la splendeur que les restes délabrés d'une ancienne capitale.

Tout ici rappelle les mœurs guerroyantes de l'Espagne au moyen âge ; nous passons le Tage sur un pont très-élevé, fermé d'une porte à chaque bout, la première disposée en arc de triomphe, la seconde fortifiée. — A droite et à gauche, à l'issue du pont, se présentent deux montées rapides qui conduisent l'une et l'autre dans l'intérieur de la ville, en contournant ses remparts et ses tours. — Au-dessous de nous coule le Tage, profondément encaissé ; au-dessus de nos têtes se dressent les débris d'un grand château, c'est l'Alcazar, tour à tour résidence des rois goths, des rois maures et des rois catholiques.

Un dédale de rues étroites nous conduit à la *fonda de Lino*, pauvre auberge où peut-être venaient festoyer au XIe siècle les courtisans d'Alphonse VI, le conquérant de Tolède. En attendant qu'on nous servît, nous remarquions avec dépit que le *mozo* et la *moza* (garçon et servante de l'auberge) étaient tout attention, tout zèle pour une des tables ; les autres ne pouvaient rien obtenir, pas même un regard. A la fin pourtant, Dionisio et Casilda ont bien

voulu nous écouter, et le mystère s'est expliqué : l'un de
nos compagnons, familier avec l'indigence espagnole, avait
pris la précaution d'envoyer dès le matin un télégramme à
Tolède pour commander un déjeuner de quinze couverts :
quel homme !

Cependant on se restaure, des guides arrivent et nous
partons par bandes à la découverte. Nous sommes introduits
d'abord dans plusieurs maisons mauresques : on se croirait en
Orient : au fond d'un vestibule sinueux et obscur, on aperçoit une petite cour carrée, éclairée d'une douce lumière ;
des femmes en blanc y travaillent, à l'abri d'une large natte
suspendue à la naissance des toits ; elles se lèvent pour
nous faire gracieusement les honneurs de leur habitation ;
elles nous montrent leur salle à manger, leur salon, leurs
chambres à coucher, disposés au rez-de-chaussée, autour
de la cour. Des piliers en bois supportent l'étage supérieur,
qui avance d'un mètre environ au-dessus de la cour : un
étroit escalier en bois, un puits lilliputien, des nattes et
quelques pots de fleurs complètent l'ensemble du tableau.
Quelquefois la cour s'agrandit : au lieu de piliers en bois,
ce sont des colonnes en pierre qui forment le péristyle ;
au lieu d'une tenture en natte, c'est une belle treille char-
gée d'énormes raisins qui couvre la cour ; au lieu de petites chambres, ce sont de vastes salles, comme par exemple celles de la *casa de Mezu* : celles-ci sont voûtées en
cèdre artistement découpé, percées de belles portes et ou-
vertures, et tapissées de ces ornements en plâtre si fine-
ment fouillés, si variés, si harmonieusement ordonnancés,
que les gravures nous montrent sur les murs de l'Alham-
bra ; le soubassement est garni en faïence émaillée. Mais
ces habitations seigneuriales sont abandonnées : elles ne

valent pas, pour l'effet pittoresque, les petites maisons
où s'est installée la bourgeoisie espagnole, et dont le style
ancien et étranger contraste d'une manière originale avec
les meubles modernes et le costume européen des habitants actuels.

Nous passons à côté de l'église San Romano : des
ogives arabes dessinent les fenêtres (ou baies) du clocher.

Après les maisons mauresques viennent les synagogues
juives : celle qui a été convertie en église, vers 1405, sous
l'invocation de Sainte-Marie la Blanche (*Santa Maria la
Blanca*), offre un type remarquable ; elle n'a guère que
30 ou 35 mètres de long sur 20 de large ; la voûte en
est peu élevée, mais elle est portée par quatre rangs de colonnes, sur lesquelles reposent des cintres découpés en
zigzag d'un dessin très-singulier pour nos yeux. Synagogue
ou église, aujourd'hui ce petit monument ne sert plus à
rien.

Une autre synagogue, celle de Samuel Lévi, date de 1366 :
sa forme est celle d'une parallélogramme un peu allongé :
elle est beaucoup moins ornée, mais plus haute de pla-
fond : ce sont des murs nus par le bas et surmontés seulement d'une frise composée de colonnettes encadrant des
fenètres ; quelques versets en hébreu des psaumes de Da-
vid sont sculptés en relief au-dessous des colonettes et forment comme un cordon de moulures qui rehausse la frise.
Cette synagogue est actuellement l'église *del Transito y
San Benito*.

Plus loin c'est une très-petite mosquée devenue la chapelle *du Christ de la lumière* : rien de plus original : la
voûte est composée de plusieurs petites coupoles dente-
lees à l'intérieur : chaque petite coupole forme un ensem-

ble soutenu par quatre colonnes sur lesquelles retombent
des arcs dentelés comme les voûtes.

— Eh quoi! disais-je au guide, toutes les églises à Tolède
sont-elles donc d'origine mauresque ou juive, comme les
maisons? — Pardon, vous allez voir des églises chrétien-
nes; mais auparavant veuillez entrer à l'hospice des Enfants trouvés. — C'est un couvent bâti sous Charles-Quint,
dit-on, et placé sous l'invocation de Saint-Pierre, martyr.
Tu te souviens de ce dominicain, célèbre dans le nord de
l'Italie, à Côme, à Milan, à Vérone, à Venise; les plus
grands peintres ont représenté sa mort violente sous les
coups de brigands, au milieu d'un bois. Ce grand cloître
a deux étages d'arcades qui ne m'ont pas paru de bon goût;
un puits qui est dans la cour date, nous a-t-on dit,
de 1004.

Au sortir du couvent, nous avons visité l'église *Saint-
Jean de Roi*, construite à la fin du xve siècle, du temps
d'Isabelle la Catholique, en mémoire de la victoire de Toro,
remportée sur les Portugais en 1476. Tout autour du monument, en dehors, on a suspendu aux murs, en forme de
guirlande, une rangée d'anneaux et de colliers en fer : ce
sont les chaînes des captifs chrétiens délivrés à Cordoue
lors de l'expulsion des Maures. L'intérieur est élevé; les
ornements sont d'un style où la renaissance le dispute au
gothique : le dôme repose sur quatre espèces de pendentifs
en encorbellement, à la manière des dômes byzantins de
Brioude et d'Issoire en Auvergne. Les colonnes rondes, en
faisceaux, qui le supportent sont enjolivées à mi-hauteur
par de riches balcons circulaires en saillie qui rappellent
un peu les galeries extérieures des minarets.

Du porche principal de cette église, on a une vue re-

marquable sur le Tage, qui coule à 100 mètres au-dessous de la plate-forme où nous nous trouvions.

Après avoir donné un coup d'œil à un cloître gothique
très-élégant dans les ruines duquel on a établi un musée
provincial de peu d'intérêt, nous nous sommes enfin diri-
gés vers la cathédrale : c'était l'heure à laquelle on montre aux fidèles les parures de la Vierge, dont la valeur est
immense. On passe devant une masure qu'on nous a dit
être le palais des ducs de Frias. La cathédrale, dont la flè-
che s'annonce au loin dans la campagne, est vraiment ma-
gnifique; on y a répandu la richesse à profusion; mais
qu'est-ce que la richesse sans le goût? En vérité, ce grand
vaisseau me frapperait davantage s'il était tout nu, avec
ses cinq nefs et sa haute coupole; je le trouve, oserai-je le
dire? plutôt obstrué qu'orné par ces luxuriantes fantaisies
espagnoles qui coupent toutes les lignes de l'architecture
et en cachent l'ensemble. — Ainsi le sanctuaire où est le
maître-autel forme ici comme un compartiment à part, entouré de monuments funéraires en marbre et enfermé de
grandes grilles en cuivre ayant 8 mètres de haut, il est
exclusivement réservé à l'officiant. — La moitié ou
les deux tiers de la nef, à partir de la croix, forment
un autre compartiment, clos de grilles et de murs, et
affecté aux chanoines et aux chantres. — Ce sont comme
deux chapelles séparées et isolées au beau milieu de
l'église. Sans doute les boiseries sculptées qui tapissent
le chœur des chantres et les stalles des chanoines sont
travaillées avec un art infini; les bas-reliefs, les statues
et les fabriques historiées qui en décorent le mur extérieur sont des ouvrages précieux; sans doute les monuments
somptueux qui forment un demi-cercle autour du sanc-

tuaire méritent une sérieuse attention, et l'on ne peut pas
s'empêcher de regarder avec intérêt cette grande et haute
draperie de pierre qui s'étend au-dessus du tabernacle
comme un immense tableau d'autel et à laquelle sont
comme suspendues des niches et des figures par centaines,
— oui, c'est curieux, — mais ce n'est pas là le grand art.
Ces accessoires surchargent, écrasent et font disparaître
le principal ; ils amusent et distraient l'esprit, ils masquent
ce qui émeut l'âme.

Il y a aussi derrière le sanctuaire, et adossé au maître-
autel, un entassement indescriptible de nuages, de têtes
d'anges et de symboles allégoriques en marbre blanc, au
milieu desquels est posée une statue de la Vierge. Ce luxe
flamboyant excitait l'admiration de plusieurs d'entre nous :
pour moi, il m'a gêné et contrarié ; suis-je un Welche ?

Les Espagnols paraissent avoir le goût des accessoires :
autour du chevet d'une cathédrale, et même le long de la
nef, il faut nécessairement avoir une ou deux ou trois
grandes chapelles dont on puisse montrer la somptueuse
magnificence. Ainsi, à Tolède, on nous a fait voir la chapelle de Notre-Dame de Saint-Xavier, la vaste chapelle
de Saint-Ildefonse et celle de Saint-Jacques. Même usage
en Italie : nous avons vu ensemble les magnifiques chapelles qui entourent la nef de Sainte-Marie Majeure à
Rome, et dans lesquelles la noblesse semble faire assaut
de sculptures, de décorations et de richesse.

La sacristie est une salle longue et voûtée dans le style
de la renaissance. A côté, dans une chapelle de même architecture, nous avons vu exposée la merveille de Tolède,
la Vierge couverte d'une robe toute ruisselante de perles et
de pierres précieuses.

J'étais rentré dans la cathédrale pour en considérer les voûtes. Pendant que d'autres s'occupaient à compter les bijoux de la précieuse robe, je m'étais assis au pied d'un pilier; un Français établi depuis longtemps en Espagne me dit que sur l'espèce de tablette que je voyais adaptée à ce pilier, les pauvres venaient déposer leurs enfants morts pour que le chapitre les fît enterrer. Le rapprochement de cette misère et de cette richesse m'aura sans doute inspiré des réflexions bien profondes, car lorsque j'ai voulu rejoindre la compagnie, elle avait disparu. Je savais qu'elle montait vers l'Alcazar qui domine la ville, je l'y rejoignis. Ce grand château carré, forteresse et résidence royale tout à la fois, est placé au sommet du rocher sur lequel s'étagent les maisons : sa masse imposante commande au loin le cours du Tage; devant la porte d'entrée est une plate-forme armée de canons. Le château dévasté à plusieurs reprises n'a pu se relever de ses ruines; une inscription porte qu'il a été livré aux flammes en 1710 pendant la guerre de succession, par *los aliados de Austriaco* (par les alliés de l'Autrichien). Le roi Charles III lui rendit sa splendeur; mais, me dit le guide à voix basse, les Français l'ont saccagé en 1808. Les quarante colonnes en granit d'un seul bloc, qui décoraient le portique de la cour, sont encore debout; il ne reste plus trace des planchers et de la toiture. Des artilleurs casernés dans ces décombres nous regardaient avec tristesse !

Nous sommes redescendus, et quoique à une grande hauteur encore au-dessus du Tage, nous avons trouvé et examiné avec intérêt une vieille porte mauresque très-bien conservée appelée la *Puerta del Sol*. Un peu plus loin, vers notre gauche et au-dessous de nous, une autre porte, celle de *Visagra*, se présentait, vue de l'intérieur, comme un groupe singulier de tours carrées, de courtines, de créneaux, de mâchicoulis, de flèches surmontant des guérites et d'ogives sarrasines entourant des embrasures.

On voyait à 5 kilom. de distance dans la plaine la manufacture d'armes (*armeria*); chacun de nous aurait bien voulu rapporter une bonne lame de Tolède, mais la chaleur et la fatigue avaient abattu tous les courages. Nous avons regagné lentement la station du chemin de fer. En descendant la rampe qui mène le long des remparts au pont du Tage, nous avons croisé un Castillan, conduisant sa jeune femme sur une mule ; leur costume annonçait des paysans aisés : l'homme portait le large sombrero noir à bords relevés et les grandes guêtres en daim jaune artistement piquées, avec leurs minces lanières flottantes ; il tenait à la main un fusil ; une belle ceinture à cartouches lui serrait la taille. Un de nos jeunes compagnons et des plus avisés s'avança courtoisement au-devant de l'Espagnol et lui proposa d'échanger sa ceinture, qu'il venait d'acheter à Tolède, contre celle qu'il voyait briller sur la poitrine du castillan, offrant, bien entendu, de payer le retour que celui-ci fixerait à son gré. L'Espagnol, sans répondre, détacha sa cartouchière, la remit gracieusement au jeune homme, prit celle qui lui était offerte et s'éloigna sans vouloir rien entendre. Cet homme nous a paru un vrai Cid ; son geste, sa contenance, sa magnanimité semblaient dire :

> Paraissez, Navarrois, Maures et Castillans,
> Et tout ce que l'Espagne a nourri de vaillants !

Cependant nous avions atteint la tête du pont et en

attendant le jeune *caballero* que cette scène avait attardé, nous regardions des *aguadores* puisant de l'eau à cinquante mètres au-dessous de nous au bord du Tage, puis poussant gravement devant eux une file d'ânes chargés de cruches pleines sur un sentier très-roide pratiqué dans le rocher.

A cinq heures nous étions partis, et à huit heures et demie nous étions à table à l'hôtel de la Ville de Paris.

Qu'en dis-tu? Ne te semble-t-il pas que je viens de te promener dans quelque ville d'Orient, au milieu des ruines et des souvenirs des Sarrasins et des croisés? Quel rêve! que la nuit me le garde et le prolonge! Bonsoir.

Tout à toi,

Eugène P. DE BOURAMBOURG.

SIXIÈME LETTRE

La Granja dimanche 21 août 1864

Mon cher ami,

Tu ne t'attendais pas à recevoir une lettre datée d'ici ;
Madrid ne me retenait plus, j'avais revu vendredi son
musée, hélas ! pour me convaincre que je ne pouvais
espérer de le connaître en si peu de jours. J'avais pu me
faire montrer les délicieux Murillo de l'Académie de San
Fernando, et cette belle sainte Marie égyptienne de Ribera, que j'avais tant admirée jadis au Louvre, montant
glorieusement au ciel avec ses vêtements usés et percés par
la misère. Etais-je ici en présence de l'original ? N'avions-
nous à Paris qu'une séduisante copie ? — J'avais acheté dans
la rue de Tolède, qui ne saurait en rien te rappeler celle
de Naples, les brimborions indigènes que je rapporte pour
mes enfants, et j'avais salué, en sortant des piliers de cette
rue marchande, la statue en pied du roi philosophe Char·

les III, érigée au milieu de cette place *Mayor* où la sauvagerie espagnole s'est repue tant de fois du spectacle sanglant des courses de taureaux et des auto-da-fé. — Malgré sa large pièce d'eau, le Buen Retiro m'avait paru altéré et rôti. — Notre-Dame d'Atocha ne m'avait offert rien d'édifiant ni d'original, malgré ses drapeaux maures suspendus aux voûtes par les rois catholiques. — Les autres églises n'ont aucun caractère, aucune signification, aucun souvenir. Chose curieuse! on rencontre à Madrid infiniment moins de prêtres qu'à Paris; on n'y voit pas un seul moine. — La chaleur me pesait; j'avais besoin de verdure, d'ombre et de fraîcheur; je suis parti pour la Granja, résidence de la reine en été. Ah! je comprends Philippe V, qui chérissait tant ces montagnes et leurs forêts et leurs eaux abondantes. Ce pauvre jeune Français, transporté des jardins de Marly et de Versailles sur les bords desséchés du Mançanarès, disait un jour, d'un air mélancolique, à un ambassadeur retournant en France : « Monsieur l'am-« bassadeur, vous allez trouver le roi à Fontainebleau : eh « bien, promettez-moi d'y faire à mon intention le tour du « grand canal. »

Un seul de nos compagnons m'a suivi; nous avons repris hier samedi, à cinq heures et demie, notre chemin *del Norte* jusqu'à la station de Villalba (30 kilom. de Madrid). Villalba signifie la maison blanche, tu vois qu'il y en a partout. Là, un omnibus attelé de huit mules nous a montés vivement au sommet du Guadarrama. Il était neuf heures et demie du soir quand nous avons franchi le col, par un froid assez piquant, au port de Navacerrada, sur la limite des deux Castilles. Tant qu'a duré l'ascension sur le versant méridional, la lune ne nous a montré que d'à-

pres rochers, des déserts nus et une pauvre *venta ;* mais arrivés au versant septentrional, nous courions à bride abattue à travers de belles forêts, qu'on nous a dit être un peu habitées. Un ruisseau murmurait entre les rochers et les sapins à la venta de *Mosquitos* : comme le cerf altéré qu'une meute a chassé tout le jour par une campagne brûlante, fuit au plus haut des montagnes pour s'y désaltérer à la source des torrents, nous, hommes du nord, échappés aux ardeurs des Castilles, nous aspirions avec bonheur l'air humide et parfumé des bois. A onze heures, nous entrions dans le village de Saint-Ildefonse, par la grille du château de la Granja, et nous allions souper à la fonda de France, qu'un Français d'Angoulème a établie dans cette résidence. Durant l'hiver, Saint-Ildefonse et la Granja sont abandonnés, comme le sont ordinairement les stations d'eau dans les Pyrénées : à la fin du printemps, quand la cour a joui de la première verdure et des premières fleurs à Aranjuez, elle revient ici, au pied de ces montagnes, et ramène avec elle la population que son entourage fait vivre.

Ce matin, nous avons été réveillés par des chants plaintifs, entrecoupés par des silences comme les versets d'une litanie : j'ai cru que nous nous trouvions à côté d'un couvent ou d'une église dans laquelle de pauvres gens célébraient en psalmodiant le retour du dimanche. — Ce ne sont pas des moines, me dit en riant notre hôte ; ce sont des soldats espagnols qui chantent dans leur caserne ; ces complaintes si lamentables sont tout bonnement des chansonnettes. — En effet, nous avons vu, bientôt après, la garde en grande tenue sortir de la caserne que nous avions prise pour un lieu saint, et aller assister à la messe de la reine, dans l'église du village.

Ici la reine vit sans cérémonial : le dimanche matin, elle se mêle au peuple dans l'église ; elle s'y mêle le soir dans les jardins, pendant le jeu des eaux. J'ai été assez adroit pour ne la voir nulle part. Nous avions la tête tout occupée de notre excursion projetée à Ségovie, qui est située à dix kilomètres au nord et au-dessous de la Granja. Nous y sommes allés déjeuner, est-ce à cheval ? est-ce à mulet ? je ne saurais dire : quelles montures ! Cette promenade au milieu du jour a été chaude. Quelques villages parsèment la plaine, c'est mieux qu'aux environs de Madrid. A droite, les étables de la reine et leur enclos verdoyant réjouissent un peu la vue : c'est le domaine de *quita pesares* (quitte souci). — La route tourne à droite et l'on aperçoit le haut de la cathédrale de Ségovie.

Cette ville, comme toutes les vieilles cités, s'élève sur un rocher isolé, au bord d'un petit cours d'eau, dans une plaine fertile, mais jaune : il faut toujours s'attendre à cette couleur dans les paysages espagnols : c'est la couleur nationale : le drapeau est jaune ; le veston des soldats en petite tenue est jaune ; les femmes portent des jupons jaunes ; les maisons même sont peintes en jaune ; je crois que si le sol n'était pas jaune, l'Espagnol aimerait moins son pays. Quand on descend de cette haute plaine dans le petit vallon qu'il faut traverser pour remonter à Ségovie, on rencontre d'abord, à gauche, un cirque délabré dont nos gravures font grand étalage, et qui n'a ni l'antiquité ni la majesté de ses pareils ; mais ce qui ennoblit le paysage, c'est ce long aqueduc de cent soixante et une arches en granit que les Romains ont construit dans le vallon, en avant de la ville, et qui s'harmonie si bien avec l'aspect monumental du dôme de la cathédrale et avec les tours élevées de l'Alcazar. Depuis l'époque de Trajan, la ville ne reçoit pas d'autres eaux que celles qui lui sont apportées par ce hardi travail.

Ségovie est réduite à 13,000 habitants ; elle a une école d'artillerie. Un jeune élève de cette école, qui a fait ses études en France, au collége de Sorèze, sous le Père Lacordaire, nous a conduits dans un café-restaurant tenu par un Français. Décidément la cuisine, en Espagne, est une spécialité française.

Les ruelles de Ségovie nous ont rappelé celles de Tolède ; la *plaza Mayor* est la même aussi, mais plus originale encore par la variété de ses vieilles et chétives maisons. Elle s'ouvre pour laisser voir la cathédrale. C'est un monument moderne comme celle de Saint-Sébastien, mais qui n'en est pas moins de bon goût et de bon effet ; sa nef a de la grandeur, et l'on n'y regrette pas cette profusion d'ornements qui, ailleurs, surchargent les piliers, les murs et les voûtes. De jeunes élèves de l'école d'artillerie venaient y faire leur prière.

C'est dans l'Alcazar que cette école était établie, lorsqu'un incendie dévora le monument il y a quelques années. L'Alcazar est une miniature élégante reproduisant en petit les formes et le style des forteresses des Maures. Le conquérant de Tolède, Alphonse VI, qui l'a fait bâtir, avait voulu reproduire ces remparts couronnés de tourelles à créneaux qu'aimaient à élever ses adversaires. L'effet de ces bastions est très-pittoresque, campés comme ils le sont sur un massif de rochers noirs, formant en cet endroit un escarpement élevé au-dessus du ruisseau, dont le cours est fort encaissé. Mais il est triste de voir ces murs démantelés, ces tourelles renversées à terre, ce manoir royal dévasté, que l'Es-

pagne n'a pas le courage de restaurer. Ses grands hommes
font de nos jours beaucoup de *pronunciamientos* dans leur
intérêt ; mais de travaux d'art intéressant le public, exces-
sivement peu.

Il y a d'autres choses encore à voir à Ségovie, mais
l'heure du retour avait sonné ; nos montures nous attendaient en dehors de la ville, aux premières arches de l'a-
queduc, que les gens du pays appellent le pont du Diable
(*el puente del Demonio*), ne pouvant pas imaginer que des
êtres humains aient pu élever cette construction si haute,
si longue et si légère.

Au retour, nous avons été accostés sur la route par un
Espagnol qui voyageait avec sa fille et son fils, la jeune
fille et son père sur une bonne mule, et le garçon à pied :
c'était une famille de marchands. Le papa, poussé, je crois,
par la curiosité de sa fille, nous demanda d'où nous ve-
nions et où nous allions : lui était parti de Guadalaxara et
se rendait en Estramadure ; ce n'était guère le chemin,
mais peu importe. La jeune fille avait de très-beaux yeux,
très-parlants ; elle se mêla timidement à la conversation,
et alors se renouvela la scène de Tolède. Tout en chevau-
chant à côté de ces braves gens, mon jeune compagnon demanda à la belle Castillane où se vendaient ces colliers à
gros grains noirs que portent plusieurs femmes en ce pays ;
elle-même en avait un au col. — C'était, disait-il, pour
faire un cadeau à une petite nièce. — A ces mots, la jeune
fille de lui tendre le sien ; il fallut l'accepter ; en échange,
mon galant compagnon offrit une petite médaille en or suspendue à la chaîne de sa montre. Tel est l'usage en Espagne, mais on a l'habitude de refuser ; les Castillans devront
se défier des voyageurs novices.

Demain, je t'écrirai le reste de ma journée. A bientôt.

Eugène P. DE BOURAMBOURG.

———

Avila lundi 22 août 1864.

Hier dimanche, à quatre heures et demie, nous nous promenions en tenue dans le parc de la Granja, au milieu d'une société choisie. Il y a ici comme un souvenir en petit de Versailles. Du côté de la place par laquelle on monte à la résidence royale, le pavillon central du château n'a aucun caractère; il est flanqué de petites tourelles pointues d'un effet mesquin; du côté des jardins, c'est une façon de Trianon. Ces jardins ont été pris aux dépens de la grande forêt qui couvre la base septentrionale du Guadarrama; les arbres y ont de la fraîcheur, les eaux y sont intarissables; les Tritons, les Neptunes et les Amphytrites en marbre ou en bronze s'y montrent de toutes parts avec moins de goût, disons-le, moins de beauté qu'à Versailles; mais ce qui relève la physionomie de ces jardins, c'est qu'au bout de chaque allée se dresse une grande montagne, ici toute parée de verdure, là toute hérissée de rochers, plus loin toute colorée de teintes bleuâtres.

On se promène sous les fenêtres de la reine. Hier dimanche la réunion était brillante; pendant plus d'une heure nous avons vu passer et repasser cette foule d'élite: jolis yeux, jolies têtes, piquantes toilettes, démarche gracieuse et enjouée. Sans doute aussi la musique excellente que la garde royale faisait entendre dans les jardins prêtait

beaucoup de charme à ces belles ; les oreilles enchantées par
les airs de Rossini et d'Auber, par la valse de Faust et la
mélodie entraînante du *Baccio* ne laissaient voir à l'ima-
gination que lignes pures, élégant dessin, couleurs suaves,
expression idéale et enchanteresse. Ici la mantille castillane
ne paraît pas de mise : les femmes portent le petit chapeau
andalous, qui comme la mantille montre à découvert la
chevelure et le col. De petites vestes rondes en étoffe noire
dessinent leur taille, que ne cache aucune écharpe, aucun mantelet ; ces vestes coquettes sont ornées de chaque côté, sur la poitrine, d'un rang de petites passemente-
ries d'argent en forme de grelots ; elles laissent voir, au-dessous d'une chemisette blanche à petits plis, une ceinture
en soie rouge assez large ; deux jupes superposées complètent le costume, l'une noire, l'autre cramoisie ou d'autre
couleur ; ces jupes se relèvent assez pour qu'on aperçoive des
pieds mignons, chaussés de bas blancs et de petits souliers
à boucles. Les élégantes portent à la main une canne
mince et courte, indispensable, dit-on, dans ces montagnes, où il faut toujours monter et descendre. Ces toilettes ont été beaucoup imitées par nos Parisiennes, mais
elles ont ici une grâce originale.

A chaque mouvement des fenêtres du château, ces gen-
tils minois se retournaient pour regarder, mais la souve-
raine ne s'est pas montrée. Elle est sortie en calèche par
un autre côté pour faire une promenade dans ses bois.

Avant sept heures le rêve s'était évanoui ; à onze heures
du soir nous repartions prosaïquement en diligence pour
repasser le Guadarrama et rejoindre le chemin de fer *el
Norte*. Pauvres diables chassés de l'Eden, et emprisonnés
dans ce triste véhicule, nous n'avions plus d'autre ressource

pour voiler la dure réalité de cette nuit sans sommeil, que
d'évoquer en songe les ombres légères et charmantes que
nous avions vues ou cru voir marcher devant nous, s'éloi-
gner, puis revenir avec une grâce décente. A quatre heures du matin, avant le jour, par un temps sombre et
froid, le conducteur nous tirait de la voiture comme des
condamnés qu'on éveille pour le supplice, et nous déposait
tout transis dans une salle obscure de la station encore
endormie de Villalba. Nous avons attendu là pendant trois
heures le train de Madrid qui devait nous conduire à Avila.
Les habiles administrateurs *del Norte* doivent organiser
des abris plus commodes et des services vraiment indispensables à Villalba, station importante d'où rayonnent plusieurs correspondances.

Nous sommes repassés ce matin en chemin de fer devant
l'Escurial, puis, pour la quatrième fois, nous avons traversé
le Guadarrama et ses *parameras*. Ce mot que nous lisons
dans nos géographies signifie *plateaux froids* et vient de
paramero, qui veut dire froid.

Je t'écris d'Avila. Il pleut à torrents, bonne fortune
pour la Castille, un peu moins pour nous. Je n'ai pu qu'entrevoir la ville à travers ce déluge; les chemins et les rues
sont pavés de granit et de porphyre rouge ou gris; les
remparts, ainsi que les tours crénelées qui se présentent
à chaque pas dans l'intérieur comme autour de la ville
sont construits en pierres schisteuses, appareillées tantôt
avec art, tantôt grossièrement. La cathédrale est curieuse.
La galerie élégante, à deux rangs d'arcades, qui tourne
autour du chœur, est bâtie en pierres alternativement ro-
ses et blanchâtres, d'un effet singulier. La coupole au-
dessus du transept est fort belle.

Sur la place du marché (*del mercado*) j'ai vu le bâtiment des *comunéros* d'où Jean de Padilla et ses compagnons sont partis pour aller au supplice : ce sont les martyrs des libertés municipales en Espagne. Un peu plus loin, près de l'église *San Pedro*, une croix marque encore l'emplacement de leur échafaud.

Je n'ai pu regarder que de loin la longue enceinte de murailles et de tours qui enferme la ville. La plus curieuse de ses portes est celle de Saint-Vincent ; l'arc qui la forme est à une grande élévation au-dessus du sol.

Le convoi part ; confier ma lettre à la poste serait la retarder ; je finirai ces pages interminables à Burgos.

Tout à toi,

Eugène P. de Bourambourg.

———

Burgos mardi 23 août 1864.

Nous sommes arrivés hier vers minuit à Burgos. La ville a sa grande place au centre comme Tolède, Ségovie et les autres ; c'est une ville tout à fait espagnole, et cependant il me semble que déjà l'influence du Nord s'y fait sentir ; les rues sont plus larges ; de grands bâtiments modernes se sont élevés ou s'élèvent ; la cathédrale enfin n'offre pas ce mélange d'art mauresque, byzantin, grec ou romain qu'on retrouve dans les édifices religieux que j'ai vus jusqu'ici : tout y est d'architecture gothique ou en prend le caractère, même les parties qui datent de l'époque de la renaissance ; des flèches et des clochetons hérissent le faîte ; ses deux tours ont la forme pointue des clochers de Saint-Ouen à Rouen et de Sainte-Clotilde à Paris, mais plus fleuronnés ; leur élévation m'a semblé laisser quelque chose à désirer. Dans nos églises gothiques, le point central du transept est voûté comme le reste de la nef et du chœur : en Espagne il s'arrondit et s'élève en coupole, souvenir peut-être des églises byzantines dont nous avons plusieurs modèles en Auvergne. A Burgos, la coupole de la cathédrale est dissimulée à l'extérieur par une couronne de clochetons qui la dépassent à une grande hauteur. Il en est de même du dôme qui couvre la chapelle du connétable de Castille, derrière l'abside ; il se termine par des clochetons élancés qui répètent ceux de la coupole et rivalisent de hauteur avec eux. Tu le vois, c'est le style et le caractère aigu du gothique.

A l'intérieur, comme à l'extérieur, la richesse est extrême ; ce ne sont que dentelles de pierre ; l'élévation du dôme et ses ornements frappent les regards. — Le sanctuaire et le chœur forment à Burgos, comme je te l'ai fait remarquer pour d'autres cathédrales, deux grandes pièces à part murées et grillées. — La chapelle où repose le connétable de Castille est aussi belle que celle de Saint-Ildefonse ou celle de Saint-Jacques à Tolède : les statues couchées du connétable et de sa femme en marbre blanc ne m'ont offert rien de remarquable, bien que exécutées, nous a dit un frère servant, par un sculpteur italien ; mais le tableau que ce même homme nous a montré dans la sacristie est, suivant moi, la merveille de la cathédrale : c'est une sainte Madeleine peinte jusqu'à mi-corps. Le sacristain nous a dit qu'on l'attribuait à Léonard de Vinci. En effet, c'est la perfection infinie de son dessin, la beauté

de ses contours et de ses reliefs, la vérité de son coloris
et l'élévation de son style. Après avoir admiré ce chef-
d'œuvre, j'ai moins regretté de n'avoir pu voir le célèbre
Christ du *Greco*. A propos du Greco, te souviens-tu
d'avoir regardé souvent avec nous il y a vingt-cinq ans,
au musée espagnol du Louvre, les traits délicats de sa fille,
qu'il avait peinte avec une parure d'hermine?

L'heure envieuse m'a encore empêché de voir dans une
autre chapelle de la cathédrale la vierge de Sébastien del
Piombo, ce peintre si peu fécond, — et à l'hôtel de ville le
tombeau du Cid et de Chimène. — Je suis passé en courant
sous la porte *Santa Maria*, arc de triomphe lourd et bizarre
élevé en l'honneur de Charles-Quint: l'inscription latine
donne à l'empereur les titres de *Germanicus*, d'*Africanus*
et de *Gallicus*. Sans doute ce dernier titre lui a été décerné
parce qu'il a envahi et ravagé la France deux fois au midi
et une fois au nord. — Il me semble, messieurs les Espagnols, que vous avez oublié ces trois invasions pour ne
vous souvenir que de celle de 1808! Mais pourquoi récri-
miner? Toutes ces guerres, tous ces désastres ne sont ni
votre fait ni le nôtre; hélas! vous en avez été les victimes,
comme nous l'avons été nous-mêmes : soyons donc amis
désormais, soyons amis pour en empêcher le retour.

Tu le vois, mon cher, je ne te parle de Burgos et de ses
curiosités que pour t'apprendre que j'en connais fort peu de
chose. Aussi bien, j'ai hâte de rentrer en France; je serai
à Paris le 25, jour où expire le permis de circulation que
je dois à la gracieuseté de MM. Pereire. L'Espagne, qui
leur doit bien davantage, comprendra-t-elle quelque jour
que de pareils hommes et leurs émules sont bien plutôt
ses serviteurs que les illustres hâbleurs qui la trompent

et l'agitent depuis trente ans par des conspirations et des séditions dans l'intérêt de leur ambition et de leur fortune? Puisse-t-elle bientôt faire taire ces ruineuses et sanglantes disputes pour s'occuper d'elle-même et de ses besoins! Tel est le vœu qu'en ami sincère de l'Espagne je forme pour elle en la quittant.

Tout à toi.

Eugène P. DE BOURAMBOURG.

FIN.

Coulommiers. — Typ. de A. MOUSSIN et Charles UNSINGER.